Promesas
de
aliento

Publicado por
Editorial **Unilit**
Miami, Fl. EE.UU.

Primera edición 1994

© 1991 por Harold Shaw Publishers
Originalmente publicado en inglés con el título:
Promises of Encouragement

Citas bíblicas tomadas de:
Santa Biblia versión 1960 (RV)
© Sociedades Bíblicas Unidas
(LA) "La Biblia al Día"
© 1979 Living Bibles International
Usadas con permiso.

Producto 498393
ISBN 1-56063-639-4
Impreso en Colombia
Printed in Colombia

Con paciencia esperé que Dios me ayudara; entonces El oyó y escuchó mi clamor. Me sacó del abismo de la desesperación, del pantano y del lodo; puso mi pie sobre senda dura y firme, y me serenó mientras yo proseguía mi camino. Me ha dado un nuevo cántico para que lo entone, con alabanzas a nuestro Dios. Ahora muchos oirán de las cosas admirables que El hizo en mi favor; asombrados estarán ante el Señor, y en El pondrán su confianza.

Salmo 40:1-3, LBAD

Cómo usar tu libro de promesas. El sistema de los cuatro pasos.

En cuanto a Dios, perfecto es su camino, y acrisolada la palabra de Jehová.

Salmo 18:30

La Palabra de Dios, la Biblia, está llena de promesas hechas a los hijos que El ama. Porque Dios es Dios, y es verdad, no puede ser infiel a sus promesas. Todo lo que El garantiza, podemos estar seguros de que lo cumple.

Al usar este libro de promesas personales, recuerde que estos versículos están garantizados por Dios para usted que es su hijo. A través de la oración y la práctica estas promesas serán parte de su vida, le darán esperanza, gozo y victoria.

Primer paso:

Pregúntese, "¿En qué aspecto de mi vida necesito oír la Palabra de Dios? ¿Qué estoy sintiendo en este momento? ¿Cuáles son mis luchas? Vaya al índice de promesas y busque la sección que conteste su pregunta. Lea el versículo despacio, con cuidado, y deje que Su palabra llene su corazón y su mente.

Segundo paso:

Escoja el versículo que le haya hablado a su corazón, que le haya tocado, y marque la primera cajita que se encuentra junto a la promesa. Luego

escriba la fecha de hoy en el espacio dado.
¡Reclame este versículo como la promesa de Dios
para usted hoy! Conozca lo que El le ha dado.
(Quizás desee buscar el versículo en la Biblia y
leerlo en su contexto).

Tercer paso:
Copie el versículo en una tarjeta que pueda
mantener consigo y memorizarlo. Lo aprenderá
pronta y fácilmente cuando lea el versículo varias
veces en el día. Péguelo en la pizarra del automóvil, en su cuaderno, en el espejo del baño, en su
escritorio: ¡dondequiera que pueda mirarlo y
apropiárselo!

Cuarto paso:
Busca la oración al final del libro o use el
reverso de su tarjeta y escriba una corta oración a
Dios, dándole gracias por Su promesa. (Anote
cuál era su situación) y aprópiese de la promesa
como suya.

Aplicando el sistema de cuatro pasos:
Aquí hay unas ilustraciones de cómo puede ser
usado el libro de promesas.
Quizás estés ansioso por una necesidad financiera, o una enfermedad.

*Mi Dios, pues, suplirá todo lo que os falta
conforme a sus riquezas en gloria en Cristo
Jesús.*

Filipenses 4:19 RV-1960

Después puedes escribir una oración como esta: "Señor, me propongo no perder la calma en esta emergencia. Tú sabes el costo de esta operación y el salario que gano. Porque sé que me amas, creo que no sólo puedes cubrir mis necesidades, sino calmar mis temores hasta que todo termine. Gracias, Señor Jesús, mi Dios, Amén".

O, a lo mejor sientes que Dios está lejos. Te sientes mal por el vacío y falta de gozo en Dios.

Someteos, pues, a Dios; resistid al diablo, y huirá de vosotros. Acercaos a Dios, y él se acercará a vosotros. Pecadores, limpiad las manos; y vosotros los de doble ánimo, purificad vuestros corazones. Humillaos delante del Señor, y él os exaltará.
Santiago 4:7,8,10. RV-1960

Si tu corazón responde a estas palabras, tu oración pudiera ser: "Señor, hazme ser humilde ante ti. Ahora entiendo que me he apartado de ti. Dame manos limpias y un corazón puro, ayúdame siempre a huir del diablo e ir hacia ti. En el nombre de Jesús. Amén".

Finalmente

Cuando las promesas de Dios se hacen realidad en tu vida y reconozcas que estás lleno de Su palabra, marque el segundo cuadrito y anote la fecha. Y recuerde: si las promesas de Dios son ciertas ahora, seguirán siéndolo mañana, y continuarán siéndolo siempre por el resto de tu vida.

Contenido

- Introducción 11
- Dios es la fuente de compasión 12
- Dios es fiel 14
- Dios nos consuela por su pueblo 17
- Dios nos consuela por su palabra 21
- Dios libra su pueblo 23
- Dios sana nuestras enfermedades 26
- Dios da esperanza 30
- Dios da gozo 33
- Dios se deleita en mostrar misericordia 36
- Dios consuela a los que lloran 40
- Dios da paciencia en medio del sufrimiento 43
- Dios da consuelo al pobre 45
- Dios desea alabanza en medio de la aflicción 50
- Dios escucha las oraciones hechas en medio de la aflicción 53
- Dios provee para nuestras necesidades 56
- Dios da propósito a nuestro sufrimiento 59
- Dios es nuestro refugio 63
- Dios consuela al pecador arrepentido 67
- Dios da reposo 71
- Dios nos ayuda a vencer la tentación 75
- Dios está con nosotros 77
- Oraciones de aliento 80

Introducción

Bendito sea el Dios y Padre de nuestro Señor Jesucristo, Padre de misericordias y Dios de toda consolación.

2 Corintios 1:3, RV1960

La Biblia está llena de las promesas de Dios de aliento, consuelo, y sostén para los que sufren. Este libro reúne muchas de esas promesas para que te fortalezcas y tengas una esperanza firme y llena de gozo.

Dios es la fuente de compasión

"Dios lava los ojos con lágrimas hasta que puedan ver la tierra invisible donde no haya más lágrimas".

HENRY WARD BEECHER

1. Bendito sea el Dios y Padre de nuestro Señor Jesucristo, Padre de misericordias y Dios de toda consolación, el cual nos consuela en todas nuestras tribulaciones, para que podamos también nosotros consolar a los que están en cualquier tribulación, por medio de la consolación con que nosotros somos consolados por Dios. *2 Corintios 1:3-4, RV-1960*

❏ ———— ❏ ————

2. Por tanto, Jehová esperará para tener piedad de vosotros, y por tanto, será exaltado teniendo de vosotros misericordia; porque Jehová es Dios justo; bienaventurados todos los que confían en El. *Isaías 30:18, RV-1960*

❏ ———— ❏ ————

3. No tendrán hambre ni sed, ni el calor ni el sol los afligirá; porque el que tiene de ellos misericordia los guiará, y los conducirá a manantiales de agua. *Isaías 49:10*

❏ ———— ❏ ————

4. Como aquel a quien consuela su madre, así os consolaré yo a vosotros, y en Jerusalén tomaréis consuelo. *Isaías 66:13, RV-1960*

❏ ———— ❏ ————

5. Porque el Señor no desecha para siempre; antes si aflige, también se compadece según la multidud de sus misericordias; porque no aflige ni entristece voluntariamente a los hijos de los hombres. *Isaías 3:31-33, RV-1960*

❏ ———— ❏ ————

6. Y el mismo Señor de paz, os dé siempre paz en toda manera. El Señor sea con todos vosotros. *2 Tesalonicenses 3:16*

❏ ———— ❏ ————

7. Cantad alabanzas, alegraos juntamente, soledades de Jerusalén; porque Jehová ha consolado a su pueblo, a Jerusalén ha redimido. *Isaías 52-9, RV-1960*

❏ ———— ❏ ————

8. Como el padre se compadece de los hijos, se compadece Jehová de los que le temen. Porque El conoce nuestra condición; se acuerda de que somos polvo. *Salmo 103:13-14, RV-1960*

❏ ———— ❏ ————

Dios es fiel

"Las aflicciones extraordinarias no son siempre el castigo de pecados extraordinarios, sino a veces la prueba de gracias extraordiarias. Las aflicciones santas son promociones espirituales".

MATEO HENRY

1. Fiel es Dios, por el cual fuisteis llamados a la comunión con su Hijo Jesucristo, nuestro Señor. *1 Corintios 1:9, RV-1960*

❑ _____ ❑ _____

2. Porque recta es la palabra de Jehová, y toda su obra es hecha con fidelidad. *Salmo 33:4, RV-1960*

❑ _____ ❑ _____

3. Si confesamos nuestros pecados, él es fiel y justo para perdonar nuestros pecados y limpiarnos de toda maldad. *1 Juan 1:9, RV-1960*

❑ _____ ❑ _____

4. Conozco, oh Jehová, que tus juicios son justos y que conforme a tu fidelidad me afligiste. Sea ahora tu misericordia para consolarme, conforma a lo que has dicho a tu siervo. *Salmo 119:75,76, RV-1960*

❑ _____ ❑ _____

5. Ciertamente el bien y la misericordia me seguirán todos los días de mi vida, y en la casa de Jehová moraré por días largos días. *Salmo 23:6, RV-1960*

❏ ——— ❏ ———

6. Tu fidelidad se extiende a toda generación, como la tierra que formaste; permanece por decreto tuyo, se somete a tus planes. *Salmo 119:90-91, LBAD*

❏ ——— ❏ ———

7. Pero fiel es el Señor, que os afirmará y guardará del mal. *2 Tesaloniceses 3:3 RV-1960*

❏ ——— ❏ ———

8. El que vive, el que vive, éste te dará alabanza, como yo hoy; el padre hará notoria tu verdad a los hijos. *Isaías 38:19, RV-1960*

❏ ——— ❏ ———

9. No quebrará la caña cascada, ni apagará el pábilo que humeare; por medio de la verdad traerá justicia. *Isaías 42:3 RV-1960*

❏ ——— ❏ ———

10. Mantengamos firme, sin fluctuar, la promesa de nuestra esperanza, porque fiel es el que prometió. *Hebreos 10:23, RV-1960*

❏ ——— ❏ ———

11. Asimismo yo te alabaré con instrumento de salterio, oh Dios mío; tu verdad cantaré a ti en el arpa, oh santo de Israel. Mis labios se alegrarán cuando cante a ti, y mi alma, la cual redimiste. *Salmo 71:22-23, RV-1960*

❏ ———— ❏ ————

12. Por la misericordia de Jehová no hemos sido consumidos, porque nunca decayeron sus misericordias. Nuevas son cada mañana; grande es tu fidelidad. Mi porción es Jehová, dijo mi alma; por tanto, en él esperaré. *Lamentaciones 3:22-24, RV-1960*

❏ ———— ❏ ————

13. Mas tú, Señor, Dios misericordioso y clemente, lento para la ira, y grande en misericordia y verdad. *Salmo 86:15, RV-1960*

❏ ———— ❏ ————

14. Echa sobre Jehová tu carga, y él te sustentará; no dejará para siempre caído al justo. *Salmo 55:22, RV60*

❏ ———— ❏ ————

Dios nos consuela por su pueblo

"Gozáos con los que se gozan, llorad con los que lloran".

EL APOSTOL PABLO

1. El que profetiza, en cambio, proclama mensajs de Dios que edifican, exhortan y consuelan a los oyentes. *1 Corintios 14:3, LBAD*

❏ ——— ❏ ———

2. Pero si somos atribulados, es para vuestra consolación y salvación; o si somos consolados, es para vuestra consolación y salvación, la cual se opera en el sufrir las mismas aflicciones que nosotros también padecemos. Y nuestra esperanza respecto de vosotros es firme, pues sabemos que así como sois compañeros en las aflicciones, también lo sois en la consolación. *2 Corintios 1:6-7, RV-1960*

❏ ——— ❏ ———

3. Pero Dios, que consuela a los humildes, nos consoló con la venida de Tito; y no sólo con su venida, sino también con la consolación con que él había sido consolado en cuanto a vosotros, haciéndonos saber vuestro gran afecto, vuestro llanto, vuestra solicitud por mí, de manera que me regocije aun más. *2 Corintios 7:6-7, RV-1960*

❏ ——— ❏ ———

4. Y os daré pastores según mi corazón, que os apaciente con ciencia y con inteligencia. *Jeremías 3:15, RV-1960*

❑ ———— ❑ ————

5. Pues tenemos gran gozo y consolación en tu amor, porque por ti, oh hermano, han sido confortados los corazones de los santos. *Filemón 1:7, RV-1960*

❑ ———— ❑ ————

6. Antes exhortaos los unos a los otros cada día, entre tanto que se dice: Hoy; para que ninguno de vosotros se endurezca por el engaño del pecado. *Hebreos 3:13, RV-1960*

❑ ———— ❑ ————

7. No dejando de congregarnos, como algunos tienen por costumbre, sino exhortándonos; y tanto más, cuando veis que aquel día se acerca. *Hebreos 10:25, RV-1960*

❑ ———— ❑ ————

8. Y la mayoría de los hermanos, cobrando ánimo del Señor con mis prisiones, se atreven mucho más a hablar la palabra sin temor. *Filipenses 1:14, RV-1960*

❑ ———— ❑ ————

9. He pedido a Dios lo siguiente: que se animen ustedes y que, unidos estrechamente por las fuertes ataduras del amor, alcancen la rica experiencia de conocer a Cristo con genuina certidumbre y clara comprensión. Porque el plan secreto de Dios, que ya por fin ha sido revelado es Cristo mismo. *Colosenses 2:2, LBAD*

❏ _____ ❏ _____

10. Porque deseo veros, para comunicarnos algún don espiritual, a fin de que seáis confirmados; esto es, para ser mutuamente confortados por la fe que nos es común a vosotos y a mí. *Romanos 1:11-12, RV-1960*

❏ _____ ❏ _____

11. El cual nos consuela en todas nuestras tribulaciones, para que podamos también nosotros consolar a los que están en cualquier tribulación por medio de la consolación con que nosotros somos consolados por Dios. *2 Corintios 1:4, RV-1960*

❏ _____ ❏ _____

12. Y enviamos a Timoteo nuestro hermano, servidor de Dios y colaborador nuestro en el evangelio de Cristo, para confirmaros y exhortaros respecto a vuestra fe. *1 Tesalonicenses 3:2, RV-1960*

❏ _____ ❏ _____

13. Porque de la manera que abundan en nosotros las aflicciones de Cristo, así abunda también por el mismo Cristo nuestra consolación. *2 Corintios 1:5, RV-1960*

❏ ——— ❏ ———

14. Por lo cual, animaos unos a otros, y edificaos unos a otros, así como lo hacéis. *1 Tesaloniceses 5:11, RV-1960*

❏ ——— ❏ ———

15. También os rogamos, hermanos, que amonestéis a los ociosos, que alentéis a los de poco ánimo, que sostengáis a los débiles, que seáis pacientes para con los todos. *1 Tesalonicenses 5:14, RV-1960*

❏ ——— ❏ ———

16. Pero yo os alentaría con mis palabras, y la consolación de mis labios apaciguaría vuestro dolor. *Job 16:5, RV-1960*

❏ ——— ❏ ———

17. Aprended a hacer el bien; buscad el juicio, restituid al agraviado, haced justicia al huérfano, amparad a la viuda. *Isaías 1:17, RV-1960*

❏ ——— ❏ ———

21

Dios nos consuela por su Palabra

"La Biblia es la ventana en la prisión de este mundo, a través de la cual podemos ver la eternidad."

TIMOTHY DWIGHT

1. Ella es mi consuelo en mi aflicción; porque tu dicho me ha vivificado. *Salmo 119:50, RV-1960*

❏ ——— ❏ ———

2. Me acordé, oh Jehová, de tus juicios antiguos, y me consolé. *Salmo 119:52, RV-1960*

❏ ——— ❏ ———

3. Porque las cosas que se escribieron antes, para nuestra enseñanza se escribieron, a fin de que por la paciencia y la consolación de las Escrituras, tengamos esperanza. *Romanos 15:4, RV-1960*

❏ ——— ❏ ———

4. Toda palabra de Dios es limpia; El es escudo a los que en él esperan. *Proverbios 30:5, RV-1960*

❏ ——— ❏ ———

5. Se deshace mi alma de ansiedad; susténtame según tu palabra. *Salmo 119:28, RV-1960*

❏ ——— ❏ ———

6. Jamás me olvidé yo de tus palabras; porque ellas son mi única esperanza. *Salmo 119:43, LBAD*

❑ ——— ❑ ———

7. No olvides nunca tus promesas para con tu siervo, porque son mi única esperanza. Ellas me dan fortaleza en todas mis tribulaciones; ¡cómo me reconfortan y reviven! *Salmo 119:49-50, LBAD*

❑ ——— ❑ ———

8. Porque estas leyes tuyas han sido mi fuente de gozo y canción en todos estos años de mi peregrinación terrenal. *Salmo 119:54, LBAD*

❑ ——— ❑ ———

9. Si tu ley no hubiese sido mi delicia, ya en mi aflicción hubiera perecido. *Salmo 119:92, RV-1960*

❑ ——— ❑ ———

10. Los que aman tus leyes tienen profunda paz en el corazón y la mente, y no tropiezan. *Salmo 119:165, LBAD*

❑ ——— ❑ ———

11. La Biblia entera nos fue dada por inspiración de Dios y es útil para enseñarnos la verdad, hacernos comprender las faltas cometidas en la vida, y ayudarnos a llevar una vida recta. *2 Timoteo 3:16-17, LBAD*

❑ ——— ❑ ———

Dios libra a su pueblo

"No habrán de anegarte las ondas del mar,
Si en aguas profundas te ordenó salir;
Por siempre contigo en angustias seré,
Y todas tus penas podré bendecir.
La llama no puede dañarte jamás,
Si en medio del fuego te ordenó pasar;
El oro de tu alma más puro será,
Pues sólo la escoria se habrá de quemar.

HIMNO NORTEAMERICANO:
"Cuan firme cimiento"

1. Al pobre librará de su pobreza, y en la aflicción despertará su oído. *Job 36:15 RV-1960*

❏ ——— ❏ ———

2. Y el Señor me librará de toda obra mala, y me preservará para su reino celestial. A él sea la gloria por los siglos de los siglos. Amén. *2 Timoteo 4:18, RV-1960*

❏ ——— ❏ ———

3. Vuélvete, oh Jehová, libra mi alma; sálvame por tu misericordia. *Salmo 6:4, RV-1960*

❏ ——— ❏ ———

4. En ti esperaron nuestros padres; esperaron, y tú los libraste. *Salmo 22:4, RV-1960*

❑ ——— ❑ ———

5. Busqué a Jehová, y él me oyó. Y me libró de todos mis temores. *Salmo 34:4, RV-1960*

❑ ——— ❑ ———

6. Porque el ángel del Señor guarda y libra a todos los que le reverencian. *Salmo 34:7, LBAD*

❑ ——— ❑ ———

7. Claman los justos, y Jehová oye, y los libra de todas sus angustias. *Salmo 34:17, RV-1960*

❑ ——— ❑ ———

8. El bueno no está libre de tribulación; también tiene sus problemas pero en todos ellos los auxilia el Señor. *Salmo 34:19, LBAD*

❑ ——— ❑ ———

9. Porque tu misericordia es grande para conmigo, y has librado mi alma de las profundidades del Seol. *Salmo 86:13, RV-1960*

❑ ——— ❑ ———

10. Me invocará, y yo le responderé; con él estaré yo en la angustia; lo libraré y le glorificaré. *Salmo 91:15, RV-1960*

❑ ——— ❑ ———

11. Pues tú has librado mi alma de la muerte, mis ojos de lágrimas, y mis pies de resbalar. *Salmo 116:18, RV-1960*

❏ ———— ❏ ————

12. El cual nos libró, y nos libra, y en quien esperamos que aún nos librará, de tan gran muerte. *2 Corintios 1:10, RV-1960*

❏ ———— ❏ ————

13. Has dejado que yo me hunda en problemas insolubles. pero me traerás de nuevo a la vida, sacándome de las profundidades de la tierra. Me darás más honra que antes, y nuevamente te volverás y me consolarás. *Salmo 71:20,21, LBAD*

❏ ———— ❏ ————

14. Pero en aquel día yo te libraré, dice Jehová, y no serás entregado en mano de aquellos a quienes tú temes. Porque ciertamente te libraré, y no caerás a espada, sino que tu vida te será por botín, porque tuviste confianza en mí, dice Jehová. *Jeremías 39:17,18, RV-1960*

❏ ———— ❏ ————

15. Y tú, Jehová, Señor mío, favoréceme por amor de tu nombre; líbrame. porque tu misericordia es buena. *Salmo 109:21, RV-1960*

❏ ———— ❏ ————

Dios sana nuestras enfermedades

*"Aunque con dolor El poda hoy mis ramas,
Su sangre alimenta y da calor a mis raíces:
Mañana nuevamente sacaré retoños,
y me vestiré de frutos.*

CHRISTINA GEORGINA ROSSETTI:
De casa en casa

1. Jehová Dios mío, a ti clamé, y me sanaste. *Salmo 30:2, RV-1960*

❏ ———   ❏ ———

2. Y se le acercó mucha gente que traía consigo a cojos, ciegos, mudos, mancos, y otros muchos enfermos; y los pusieron a los pies de Jesús, y los sanó. *Mateo 15:30, RV-1960*

❏ ———   ❏ ———

3. Ved ahora que yo, yo soy, y no hay dioses conmigo; yo hago morir, y yo hago vivir; yo hiero, y yo sano; y no hay quien pueda librar de mi mano. *Deuteronomio 32:39, RV-1960*

❏ ———   ❏ ———

4. Me sacaste del borde de la tumba, de la muerte misma, y heme aquí con vida. *Salmo 30:3, LBAD*

❏ ———   ❏ ———

5. Bendice, alma mía, a Jehová, y no olvides ninguno de sus beneficios. El es quien perdona todas tus iniquidades, el que sana todas tus dolencias. *Salmo 103:2,3, RV-1960*

❏ —————— ❏ ——————

6. El sana a los quebrantados de corazón, y venda sus heridas. *Salmo 147:3, RV-1960*

❏ —————— ❏ ——————

7. Más el herido fue por nuestras rebeliones, molido por nuestros pecados; el castigo de nuestra paz fue sobre él, y por su llaga fuimos nosotros curados. *Isaías 53:5, RV-1960*

❏ —————— ❏ ——————

8. Entonces nacerá tu luz como el alba, y tu salvación se dejará ver pronto; e irá tu justicia delante de ti, y la gloria de Jehová será tu retaguardia. *Isaías 58:8, RV-1960*

❏ —————— ❏ ——————

9. Sáname, oh Jehová, y seré sano; sálvame, y seré salvo; porque tú eres mi alabanza. *Jeremías 17:14, RV-1960*

❏ —————— ❏ ——————

10. Venid y volvamos a Jehová; porque él arrebató, y nos curará; hirió, y nos vendará. *Oseas 6:1, RV-1960*

❏ —————— ❏ ——————

11. Pero para ustedes que temen mi nombre, saldrá el Sol de Justicia trayendo sanidad en sus alas. Serán libres, saltando con gozo como cabritos soltados en los prados. *Malaquías 4:2, LBAD*

❏ ——— ❏ ———

12. Yo dije: Jehová, ten misericordia de mí; sana mi alma, porque contra ti he pecado. *Salmo 41:4, RV-1960*

❏ ——— ❏ ———

13. Y saliendo Jesús, vio una gran multitud y tuvo compasión de ellos, y sanó a los que de ellos estaban enfermos. *Mateo 14:14, RV-1960*

❏ ——— ❏ ———

14. Hija, le dijo él, tu fe te ha salvado. Vete tranquila. *Lucas 8:48, LBAD*

❏ ——— ❏ ———

15. Jesús reunió a sus doce discípulos y les dio autoridad para echar fuera espíritus malignos y sanar toda clase de enfermedad y dolencia. *Mateo 10:1, LBAD*

❏ ——— ❏ ———

16. Confesaos vuestras ofensas unos a otros, y orad unos por otros, para que seáis sanados. La oración eficaz del justo puede mucho. *Santiago 5:16, RV-1960*

❏ ———— ❏ ————

17. Quien llevó él mismo nuestros pecados en su cuerpo sobre el madero, para que nosotros, estando muertos a los pecados, vivamos a la justicia; y por cuya herida fuisteis sanados. *1 Pedro 2:24, RV-1960*

❏ ———— ❏ ————

Dios da esperanza

*"Mi esperanza está fundada en nada menos
que en la sangre de Jesús y Su justicia;
no me atrevo a confiar en cosa alguna
que no sea totalmente en el nombre de Jesús
Cuando la oscuridad veda su amorosa faz
Descanso en su inalterable gracia
En cada tempestad y prueba
Mi ancla sostiene dentro de su velo"*

EDWARD MOTE:
"Mi esperanza está fundada en nada menos"

1. Ciertamente ninguno de los que esperan en ti será confundido; serán avergonzados los que se rebelan sin causa. *Salmo 25:3, RV-1960.*

❑ _____ ❑ _____

2. Encamíname en tu verdad, y enséñame, porque tú eres el Dios de mi salvación; en ti he esperado todo el día. *Salmo 25:5, RV-1960*

❑ _____ ❑ _____

3. ...gozosos en la esperanza; sufridos en la tribulación; constantes en la oración. *Romanos 12:12, RV-1960*

❑ _____ ❑ _____

4. He aquí el ojo de Jehová sobre los que le temen, sobre los que esperan en su misericordia. *Salmo 33:18, RV-1960*

❏ ———— ❏ ————

5. ¿Por qué te abates, oh alma mía? ¿y por qué te turbas dentro de mí? Espera en Dios, porque aún he de alabarle, salvación mía y Dios mío. *Salmo 42:11, RV-1960*

❏ ———— ❏ ————

6. Te alabaré para siempre, porque lo has hecho así; y esperaré en tu nombre, porque es bueno, delante de los santos. *Salmo 52:9*, RV-1960

❏ ———— ❏ ————

7. Porque ciertamente hay un fin, y tu esperanza no será cortada. *Proverbios 23:18, RV-1060*

❏ ———— ❏ ————

8. Pero los que esperan a Jehová tendrán nuevas fuerzas; levantarán alas como las águilas; correrán y no se cansarán, caminarán y no se fatigarán. *Isaías 40:31, RV-1960*

❏ ———— ❏ ————

9. Porque yo sé los pensamientos que tengo acerca de vosotros, dice Jehová, pensamientos de paz, y no de mal, para daros el fin que esperáis. *Jeremías 29:11, RV-1960*

❏ ———— ❏ ————

10. Y la esperanza no avergüenza; porque el amor de Dios ha sido derramado en nuestros corazones por el Espíritu Santo que nos fue dado. *Romanos 5:5, RV-1960*

❏ ——— ❏ ———

11. Nuestra alma espera a Jehová; nuestra ayuda y nuestro escudo es él. *Salmo 33:20, RV-1960*

❏ ——— ❏ ———

12. Esta esperanza cierta de salvación es un ancla firme y segura para el alma nuestra, y nos conecta con Dios mismo. *Hebreos 6:19a, LBAD*

❏ ——— ❏ ———

13. Bendito el Dios y Padre de nuestro Señor Jesucristo, que según su grande misericordia nos hizo renacer para una esperanza viva, por la resurrección de Jesucristo de los muertos, para una herencia incorruptible, incontaminada e inmarcesible, reservada en los cielos para nosotros. *1 Pedro 1:3-4, RV-1960*

❏ ——— ❏ ———

14. Y el Dios de esperanza os llene de todo gozo y paz en el creer, para que abundéis en esperanza por el poder del Espíritu Santo. *Romanos 15:13, RV-1960*

❏ ——— ❏ ———

Dios da gozo

"El gozo es el eco de la vida de Dios dentro de nosotros"

JOSEPH MARMION:
Ortodoxia

"Gozo al mundo, el Señor ha venido; que toda la tiera reciba a su rey"

ISAAC WATTS:
Salmo XCVIII, st 1

1. Porque con alegría saldréis, y con paz seréis vueltos; los montes y los collados levantarán canción delante de vosotros, y todos los árboles del campo darán palmadas de aplauso. *Isaías 55:12, RV-1960*

❏ _____ ❏ _____

2. Pero alégrense todos los que en ti confían; den voces de júbilo para siempre, porque tú los defiendes; en ti se regocijen los que aman tu nombre. *Salmo 5:11, RV-1960*

❏ _____ ❏ _____

3. Me mostrarás la senda de la vida; en tu presencia hay plenitud de gozo; delicias a tu diestra para siempre. *Salmo 16:11, RV-1960*

❏ ———— ❏ ————

4. Porque un momento será su ira, pero su favor dura toda la vida. Por la noche durará el lloro, y a la mañana vendrá la alegría. *Salmo 30:5, RV-1960*

❏ ———— ❏ ————

5. Mas el fruto del Espíritu es amor, gozo, paz, paciencia, benignidad, bondad, fe, mansedumbre, templanza; contra tales cosas no hay ley. *Gálatas 5:22-23, RV-1960*

❏ ———— ❏ ————

6. Los que sembraron con lágrimas, con regocijo segarán. *Salmo 126:5, RV-1960*

❏ ———— ❏ ————

7. Ciertamente volverán los redimidos de Jehová; volverán a Sion cantando, y gozo perpetuo habrá sobre sus cabezas; tendrán gozo y alegría, y el dolor y el gemido huirán. *Isaías 51:11, RV-1960*

❏ ———— ❏ ————

8. Sacaréis con gozo aguas de las fuentes de la salvación. *Isaías 12:3, RV-1960*

❏ ———— ❏ ————

9. Estas cosas os he hablado, para que mi gozo esté en vosotros, y vuestro gozo sea cumplido. *Juan 15:11, RV-1960*

❑ ——— ❑ ———

10. Hasta ahora nada habéis pedido en mi nombre; pedid, y recibiréis, para que vuestro gozo sea cumplido. *Juan 16:24, RV-1960*

❑ ——— ❑ ———

11. Me hiciste conocer los caminos de la vida; me llenarás de gozo con tu presencia. *Hechos 2:28, RV-1960*

❑ ——— ❑ ———

Dios se deleita en mostrar misericordia

Es tan amplia la misericordia de Dios como es de amplio el mar; hay bondad en Su justicia, mejor que la libertad"

FREDERICK WILLIAM FABER

1. Misericordia y paz y amor os sean multiplicados. *Judas 1:2, RV-1960*

❏ ——— ❏ ———

2. Amo a Jehová, pues ha oído mi voz y mis súplicas. *Salmos 116:1, RV-1960*

❏ ——— ❏ ———

3. Pero Dios, que es rico en misericordia, por su gran amor con que no amó, aun estando nosotros muertos en pecados, nos dio vida juntamente con Cristo. (Por gracia sois salvos) *Efesios 2:4-5 RV-1960*

❏ ——— ❏ ———

4. Sea ahora tu misericordia para consolarme, conforme a lo que has dicho a tu siervo. *Salmo 119:76, RV-1960*

❏ ——— ❏ ———

3. Esforzaos y cobrad ánimo; no temáis, ni tengáis miedo de ellos, porque Jehová tu Dios es el que va contigo; no te dejará, ni te desamparará. *Deuteronomio 31:6, RV-1960*

❑ ———— ❑ ————

4. Entonces invocarás, y te oirá Jehová; clamarás, y dirá el: Heme aquí. *Isaías 58:9, RV-1960*

❑ ———— ❑ ————

El colegio toma tanto de mi tiempo que no he podido pasar tiempo suficiente con Dios. ¿Cómo puede esto afectar mi posición con El?
1. Mis ovejas oyen mi voz, y yo las conozco, y me siguen, y yo les doy vida eterna; y no perecerán jamás, ni nadie las arrebatará de mi mano. *Juan 10:27-28, RV-1960*

❑ ———— ❑ ————

2. No temas, porque yo estoy contigo; no desmayes, porque yo soy tu Dios que te esfuerzo; siempre te ayudaré, siempre te sustentaré con la diestra de mi justicia. *Isaías 41:10, RV-1960*

❑ ———— ❑ ————

3. Mas esto les mandé, diciendo: Escuchad mi voz, y seré a vosotros por Dios, y vosotros me seréis por pueblo; y andad en todo camino que os mande, para que os vaya bien. *Jeremías 7:23, RV-1960*

❑ ———— ❑ ————

4. Antes bienaventurados los que oyen la palabra de Dios, y la guardan. *Lucas 11:28, RV-1960*

❑ ———— ❑ ————

Siento a Dios muy lejos. ¿Cómo puedo comunicarme con El otra vez?

1. Si se humillare mi pueblo, sobre el cual mi nombre es invocado, y oraren, y buscaren mi rostro, y se convirtieren de sus malos caminos; entonces yo oiré desde los cielos, y perdonaré sus pecados, y sanaré su tierra. *2 Crónicas 7:14, RV-1960*

❑ ———— ❑ ————

2. Someteos, pues, a Dios; resistid al diablo, y huirá de vosotros. Acercaos a Dios, y él se acercará a vosotros. Pecadores, limpiad las manos; y vosotros los de doble ánimo, purificad vuestros corazones. Humillaos delante del Señor, y él os exaltará. *Santiago 4:7-8,10, RV-1960*

❑ ———— ❑ ————

3. Tarde y mañana y a mediodía oraré y clamaré, y él oirá mi voz. *Salmo 55:17, LBAD*

❏ ────── ❏ ──────

4. Nadie ha visto jamás a Dios. Si nos amamos unos a otros, Dios permanece en nosotros, y su amor se ha perfeccionado en nosotros. *1 Juan 4:12, RV-1960*

❏ ────── ❏ ──────

5. Pedid, y se os dará; buscad, y hallaréis; llamad, y se os abrirá. *Mateo 7:7, RV-1960*

❏ ────── ❏ ──────

A veces la iglesia me parece muy rígida y llena de ritos. ¿Cómo puedo adorar a Dios en una manera que de verdad lo agrade?

1. Porque misericordia quiero, y no sacrificio, y conocimiento de Dios más que holocaustos. *Oseas 6:6, LBAD*

❏ ────── ❏ ──────

2. Los sacrificios de Dios son el espíritu quebrantado; al corazón contrito y humillado no despreciarás tú, oh Dios. *Salmo 51:17, RV-1960*

❏ ────── ❏ ──────

3. Ahora, pues, Israel, ¿qué pide Jehová tu Dios de ti, sino que temas a Jehová tu Dios, que andes en todos sus caminos, y que lo ames, y sirvas a Jehová tu Dios con todo tu corazón y con toda tu alma; que guardes los mandamientos de Jehová y sus estatutos, que yo te prescribo hoy, para que tengas prosperidad? *Deuteronomio 10:12-13, RV-1960*

❑ ——— ❑ ———

4. Oh hombre, él te ha declarado lo que es bueno, y qué pide Jehová de ti: solamente hacer justicia, y amar misericordia, y humillarte ante tu Dios. *Miqueas 6:8, RV-1960*

❑ ——— ❑ ———

5. Mas la hora viene, y ahora es, cuando los verdaderos adoradores adorarán al Padre en espíritu y en verdad; porque también el Padre tales adoradores busca que le adoren. Dios es Espíritu; y los que le adoran, en espíritu y en verdad es necesario que adoren. *Juan 4:23-24, RV-1960*

❑ ——— ❑ ———

Todo el mundo está siempre tan ocupado que a no ser que sea una emergencia, no me gusta molestar a nadie. ¿A Dios le molesta que lo llame constantemente aunque no sea nada grave?

1. Por tanto, de la manera que habéis recibido al Señor Jesucristo, andad en él. *Colosenses 2:6, LBAD*

❏ _____ ❏ _____

2. Acerquémonos, pues, confiadamente al trono de la gracia, para alcanzar misericordia y hallar gracia para el oportuno socorro. *Hebreos 4:16, RV-1960*

❏ _____ ❏ _____

3. Echando toda vuestra ansiedad sobre él, porque él tiene cuidado de vosotros. *1 Pedro 5:7, LBAD*

❏ _____ ❏ _____

4. El que no escatimó ni a su propio Hijo, sino que lo entregó por todos nosotros, ¿cómo no nos dará también con él todas las cosas? *Romanos 8:32, RV-1960*

❏ _____ ❏ _____

5. Por tanto, Jehová esperará para tener piedad de vosotros, y por tanto, será exaltado teniendo de vosotros misericordia; porque Jehová es Dios justo; bienaventurados todos los que confían en él. *Isaías 30:18, RV-1960*

❏ _____ ❏ _____

Cuando estoy en un grupo muchas veces actúo diferente de lo que soy. ¿Puedo ser yo mismo con Dios?

1. Al que a mí viene, no le echo fuera. *Juan 6:37, RV-1960*

❑ ———— ❑ ————

2. Oh Jehová, tú me has examinado y conocido. Tú has conocido mi sentarme y mi levantarme; has entendido desde lejos mis pensamientos. *Salmo 139:1-2, RV-1960*

❑ ———— ❑ ————

3. Y no hay cosa creada que no sea manifiesta en su presencia; antes bien todas las cosas están desnudas y abiertas a los ojos de aquel a quien tenemos que dar cuenta. *Hebreos 4:13, LBAD*

❑ ———— ❑ ————

4. Dios es luz, y no hay ningunas tinieblas en él. Si decimos que tenemos comunión con él, y andamos en tinieblas, mentimos, y no practicamos la verdad; pero si andamos en luz, como él está en luz, tenemos comunión unos con otros, y la sangre de Jesucristo su Hijo nos limpia de todo pecado. Si decimos que no tenemos pecado, nos engañamos a nosotros mismos, y la verdad no está en nosotros. Si confesamos nuestros pecados, él es fiel y justo para perdonar nuestros pecados, y limpiarnos de toda maldad. *1 Juan 1:5-9, RV-1960*

❑ ———— ❑ ————

43

5. He aquí, tú amas la verdad en lo íntimo, y en lo secreto me has hecho comprender sabiduría. *Salmo 51:6, RV-1960*

❏ _____ ❏ _____

6. Los sacrificios de Dios son el espíritu quebrantado; al corazón contrito y humillado no despreciarás tú, oh Dios. *Salmo 51:17, RV-1960*

❏ _____ ❏ _____

En el colegio las cosas son tan impersonales. ¿Cómo puedo estar seguro que no soy solamente un número para Dios?
1. Pues aun los cabellos de vuestra cabeza están todos contados. No temáis, pues; más valéis vosotros que muchos pajarillos. *Lucas 12:7, RV-1960*

❏ _____ ❏ _____

2. No es así mi casa para con Dios; sin embargo, él ha hecho conmigo pacto perpetuo, ordenado en todas las cosas, y será guardado, aunque todavía no haga él florecer toda mi salvación y mi deseo. *2 Samuel 23:5, LBAD*

❏ _____ ❏ _____

3. Y él que nos confirma con vosotros en Cristo, y él que nos ungió, es Dios, el cual también nos ha sellado, y nos ha dado las arras del Espíritu en nuestros corazones. *2 Corintios 1:21-22, RV-1960*

☐ ———— ☐ ————

4. A éste abre el portero, y las ovejas oyen su voz; y a sus ovejas llama por nombre, y las saca. *Juan 10:3, RV-1960*

☐ ———— ☐ ————

5. Pero no os regocijéis de que los espíritus se os sujetan, sino regocijaos de que vuestros nombres están escritos en los cielos. *Lucas 10:20, RV-1960*

☐ ———— ☐ ————

6. Y hasta la vejez yo mismo, y hasta las canas os soportaré yo; yo hice, yo llevaré, yo soportaré y guardaré. *Isaías 46:4, RV-1960*

☐ ———— ☐ ————

Viviendo conmigo mismo

Soy un extraño conmigo mismo. ¿Sabe Dios quién soy verdaderamente?

1. Porque tú formaste mis entrañas; tú me hiciste en el vientre de mi madre. Te alabaré; porque formidables, maravillosas son tus obras; estoy maravillado, y mi alma lo sabe muy bien. No fue encubierto de ti mi cuerpo, bien que en oculto fui formado, y entretejido en lo mas profundo de la tierra. *Salmo 139:13-15, RV-1960*

❏ ———— ❏ ————

2. El cual también nos ha sellado, y nos ha dado las arras del Espíritu en nuestros corazones. *2 Corintios 1:22, RV-1960*

❏ ———— ❏ ————

3. Por tanto, nosotros todos, mirando a cara descubierta como en un espejo la gloria del Señor, somos transformados de gloria en gloria en la misma imagen, como por el Espíritu del Señor. *2 Corintios 3:18, RV-1960*

❏ ———— ❏ ————

4. En quien todo el edificio, bien coordinado, va creciendo para ser un templo santo en el Señor; en quien vosotros también sois juntamente edificados para morada de Dios en el Espíritu. *Efesios 2:21-22, LBAD*

❏ ———— ❏ ————

5. ¿No se venden dos pajarillos por un cuarto? Con todo, ni uno de ellos cae a tierra sin vuestro Padre. Pues aun vuestros cabellos están todos contados. Así que, no temáis; más valéis vosotros que muchos pajarillos. *Mateo 10:29-31, RV-1960*

❏ ———— ❏ ————

No sé qué hacer con mi vida. ¿Tiene Dios sueños y planes para mí?

1. Te haré entender, y te enseñaré el camino en que debes andar; sobre ti fijaré mis ojos. *Salmo 32:8, RV-1960*

❏ ———— ❏ ————

2. Porque yo sé los pensamientos que tengo acerca de vosotros, dice Jehová, pensamientos de paz, y no de mal, para daros el fin que esperáis. *Jeremías 29:11, RV-1960*

❏ ———— ❏ ————

3. Jehová cumplirá su propósito en mí; tu misericordia, oh Jehová, es para siempre; no desampares la obra de tus manos. *Salmo 138:8, RV-1960*

❏ ———— ❏ ————

4. Has escrudiñado mi andar y mi reposo, y todos mis caminos te son conocidos. Detrás y delante me rodeaste, y sobre mí pusiste tu mano. *Salmo 139:3,5, LBAD*

❏ ———— ❏ ————

Me siento como un desastre. ¿Cómo puede Dios seguir amándome cuando sigo haciendo lo malo?

1. Cuando está lejos el oriente del occidente, hizo alejar de nosotros nuestras rebeliones. *Salmo 103:12 RV-1960*

❑ ——— ❑ ———

2. Si el Señor no me hubiera ayudado, yo habría perecido. Yo grité: "¡Me resbalo, Señor!" Y Él tuvo piedad y me salvó. Salmo 94:18 LBAD

❑ ——— ❑ ———

3. Mas Dios nos demostró la inmensidad de su amor enviando a Cristo a morir por nosotros, aun cuando éramos pecadores. Romanos 5:8 LBAD

❑ ——— ❑ ———

4. Yo los sanaré su rebelión, los amaré de pura gracia; porque mi ira se apartaó de ellos. *Oseas 14:4 RV-1960*

❑ ——— ❑ ———

5. Sabiendo esto, que nuestro viejo hombre fue crucificado juntamente con él, para que el cuerpo del pecado sea destruido, a fin de que no sirvamos más al pecado. Porque el que ha muerto, ha sido justificado del pecado. Así también vosotros consideraos muertos al pecado, pero vivos para Dios en Cristo Jesús, Señor nuestro. *Romanos 6:6-7,11 RV-1960*

❑ ——— ❑ ———

Todo lo que hago es sólo una imitación de lo que planeo hacer. ¿Está Dios satisfecho conmigo?

1. Encomienda a Jehová tu camino, y confía en el; y él hará. *Salmo 37:5, LBAD*

❑ ——— ❑ ———

2. No temas, porque yo estoy contigo; no desmayes, porque yo soy tu Dios que te esfuerzo; siempre te ayudaré, siempre te sustentaré con la diestra de mi justicia. *Isaías 41:10, RV-1960*

❑ ——— ❑ ———

3. El Señor no retarda su promesa, según algunos la tienen por tardanza, sino que es paciente para con nosotros, no queriendo que ninguno perezca, sino que todos procedan al arrepentimiento. *2 Pedro 3:9, RV-1960*

❑ ——— ❑ ———

4. Antes, en todas estas cosas somos más que vencedores por medio de aquel que nos amó. *Romanos 8:37, RV-1960*

❑ ——— ❑ ———

5. Y el mismo Dios de paz os santifique por completo; y todo vuestro ser, espíritu, alma y cuerpo, sea guardado irreprensible para la venida de nuestro Señor Jesucristo. Fiel es el que os llama, el cual también lo hará. *1 Tesalonicenses 5:23-24, RV-1960*

❑ ——— ❑ ———

Me siento como si la vida me hubiera dado una mala oportunidad. ¿Cómo me puede Dios ayudar a sobrellevar mi amargura?

1. Y poderoso es Dios para hacer que abunde en vosotros toda gracia, a fin de que, teniendo siempre en todas las cosas todo lo suficiente, abundéis para toda buena obra. *2 Corintios 9:8, RV-1960*

❏ ——— ❏ ———

2. El ladrón no viene sino para hurtar y matar y destruir; yo he venido para que tengan vida, y para que la tengan en abundancia. *Juan 10:10, RV-1960*

❏ ——— ❏ ———

3. Bendice alma mía, a Jehová, y no olvides ninguno de sus beneficios. El es quien perdona todas tus iniquidades, el que sana todas tus dolencias; el que rescata del hoyo tu vida, el que te corona de favores y misericordias; el que sacia de bien tu boca de modo que te rejuvenezcas como el águila. *Salmo 103:2-6, RV-1960*

❏ ——— ❏ ———

4. Porque de la manera que abundan en nosotros las aflicciones de Cristo, así abunda también por el mismo Cristo nuestra consolación. *2 Corintios 1;5, RV-1960*

❏ ——— ❏ ———

5. Quítense de vosotros toda amargura, enojo, ira, gritería, y maledicencia, y toda malicia. Antes sed benignos unos con otros, misericordiosos, perdonándoos unos a otros, como Dios también os perdonó a vosotros en Cristo. *Efesios 4:31-32, RV-1960*

❑ ——— ❑ ———

Nada de lo que hago lo entiendo. ¿Cómo puedo encontrar el significado de la vida?

1. Arraigados y sobreedificados en él, y confirmados en la fe, así como habéis sido enseñados, abundando en acciones de gracias. *Colosenses 2:7, RV-1960*

❑ ——— ❑ ———

2. A quién amáis sin haberle visto, en quién creyendo, aunque ahora no lo veáis, os alegráis con gozo inefable y glorioso; obteniendo el fin de vuestra fe, que es la salvación de vuestras almas. *1 Pedro 1:8-9, RV-1960*

❑ ——— ❑ ———

3. Procura con diligencia presentarte a Dios aprobado, como obrero que no tiene de qué avergonzarse, que usa bien la palabra de verdad. *2 Timoteo 2:15, RV-1960*

❑ ——— ❑ ———

4. Como todas las cosas que pertenecen a la vida y a la piedad nos han sido dadas por su divino poder, mediante el conocimiento de aquel que nos llamó por su gloria y excelencia, por medio de las cuales no ha dado preciosas y grandísimas promesas, para que por ellas llegaseis a ser participantes de la naturaleza divina, habiendo huido de la corrupción que hay en el mundo a causa de la concupiscencia. *2 Pedro 1:3-4, RV-1960*

❑ ——————— ❑ ———————

5. Porque Dios es el que en vosotros produce así el querer como el hacer, por su buena voluntad. *Filipenses 2:13, RV-1960*

❑ ——————— ❑ ———————

A veces siento como que no puedo seguir viviendo. ¿Dónde puedo encontrar la razón para seguir luchando?

1. Gozosos en la esperanza; sufridos en la tribulación; constantes en la oración. *Romanos 12:12, RV-1960*

❑ ——————— ❑ ———————

2. Y el mismo Jesucristo Señor nuestro, y Dios nuestro Padre, el cual nos amó y nos dio consolación eterna y buena esperanza por gracia, conforte vuestros corazones, y os confirme en toda buena palabra y obra. *2 Tesalonicenses 2:16-17 RV-1960*

❑ ——————— ❑ ———————

3. Yo te sostengo de tu mano derecha yo, el Señor Dios tuyo y te digo: No tengas temor; estoy aquí para ayudarte. *Isaías 41:13 LBAD*

❏ _____ ❏ _____

4. Ante tanta maravilla, ¿qué más se puede decir? Si Dios está de parte nuestra, ¿quién podrá estar contra nosotros? Si no vaciló al entregar a su Hijo por nosotros, ¿no nos dará también todas las cosas? *Romanos 8:31-32 LBAD*

❏ _____ ❏ _____

5. Quien nos salvó y llamó con llamamiento santo, no conforme a nuestras obras, sino según el propósito suyo y la gracia que nos fue dada en Cristo Jesús antes de los tiempos de los siglos. *2 Timoteo 1:9 RV-1960*

❏ _____ ❏ _____

Tengo miedo de volverme loco. ¿Me ayudará Dios a mantenerme sano?

1. Y a aquel que es poderoso para guardaros sin caída, y presentaros sin mancha delante de su gloria con gran alegría, al único y sabio Dios, nuestro Salvador, sea gloria majestad, imperio y potencia, ahora y por todos los siglos. Amén. *Judas 1:24-25, RV-1960*

❏ _____ ❏ _____

2. Bástate mi gracia; porque mi poder se perfecciona en la debilidad. Por tanto, de buena gana me gloriaré más bien en mis debilidades, para que repose sobre mí el poder de Cristo. *2 Corintios 12:9, RV-1960*

❏ ———— ❏ ————

3. Todo lo puedo en Cristo que me fortalece. *Filipenses 4:13, RV-1960*

❏ ———— ❏ ————

4. La paz os dejo, mi paz os doy; yo no os la doy como el mundo la da. No se turbe vuestro corazón, ni tenga miedo. *Juan 14;27, RV-1960*

❏ ———— ❏ ————

A veces me siento tensionado. ¿Me ayudará Dios a no desfallecer?
1. La paz os dejo, mi paz os doy; yo no os la doy como el mundo la da. No se turbe vuestro corazón, ni tenga miedo. *Juan 14;27, RV-1960*

❏ ———— ❏ ————

2. Por nada estéis afanosos, sino sean conocidas vuestras peticiones delante de Dios en toda oración y ruego, con acción de gracias. Y la paz de Dios, que sobrepasa todo entendimiento, guardará vuestros corazones y vuestros pensamientos en Cristo Jesús. *Filipenses 4:6-7, RV-1960*

❏ ———— ❏ ————

3. Jehová dará poder a su pueblo; Jehová bendecirá a su pueblo con paz. *Salmo 29:11, RV-1960*

❏ _____ ❏ _____

4. Dios es nuestro amparo y nuestra fortaleza, nuestro pronto auxilio en las tribulaciones. *Salmo 46:1, RV-1960*

❏ _____ ❏ _____

Me siento inferior a todo el mundo. ¿Cómo me ve Dios?

1. Y serás corona de gloria en la mano de Jehová, y diadema de reino en la mano del Dios tuyo. Nunca más te llamarán Desamparada, ni tu tierra se dirá más Desolada; sino que serás llamada Hefzi-bá, y tu tierra, Beula; porque el amor de Jehová estará en ti, y tu tierra será desposada. *Isaías 62:3-4, LBAD*

❏ _____ ❏ _____

2. Porque a mis ojos fuiste de gran estima, fuiste honorable, y yo te amé; daré, pues, hombres por ti y naciones por tu vida. *Isaías 43:4, RV-1960*

❏ _____ ❏ _____

3. ¿Qué es el hombre, para que te acuerdes de él, o el hijo del hombre, para que le visites? Le hiciste un poco menor que los ángeles, le coronaste de gloria y de honra, y le pusiste sobre las obras de tus manos. *Hebreos 2:6-7, RV-1960*

❏ _____ ❏ _____

Yo lloro fácil. ¿Entiende Dios por qué?

1. Bendito sea el Dios y Padre de nuestro Señor Jesucristo, Padre de misericordias y Dios de toda consolación, el cual nos consuela en todas nuestras tribulaciones, para que podamos también nosotros consolar a los que están en cualquier tribulación, por medio de la consolación con que nosotros somos consolados por Dios. *2 Corintios 1:3-4, RV-1960*

❏ _____ ❏ _____

2. Porque el Cordero que está en medio del trono los pastoreará, y los guiará a fuentes de aguas de vida; y Dios enjugará toda lágrima de los ojos de ellos. *Apocalipsis 7:17, RV-1960*

❏ _____ ❏ _____

3. Los que sembraron con lágrimas, con regocijo segarán. Irá andando y llorando el que lleva la preciosa semilla; mas volverá a venir con regocijo, trayendo sus gavillas. *Salmo 126:5-6, RV-1960*

❏ _____ ❏ _____

4. A ordenar que a los afligidos de Sion se les dé gloria en lugar de ceniza, oleo de gozo en lugar de luto, manto de alegría en lugar del espíritu angustiado; y serán llamados árboles de justicia, plantío de Jehová, para gloria suya. *Isaías 61:3, RV-1960*

❏ _____ ❏ _____

A veces me enojo tanto que destruyo las cosas. ¿Cómo quiere Dios que reaccione cuando me siento así?

1. Mas el fruto del Espíritu es amor, gozo, paz, paciencia, benignidad, bondad, fe, mansedumbre, templanza; contra tales cosas no hay ley. *Gálatas 5:22, RV-1960*

❏ ——— ❏ ———

2. Airaos, pero no pequéis; no se ponga el sol sobre vuestro enojo, ni deis lugar al diablo. *Efesios 4:26-27, LBAD*

❏ ——— ❏ ———

3. No te alteres con motivo del que prospera en su camino, Por el hombre que hace maldades. *Salmo 37:7-8, RV-1960*

❏ ——— ❏ ———

4. Mejor es el que tarda en airarse que el fuerte; y el que se enseñorea de su espíritu, que el que toma una ciudad. *Proverbios 16:32, RV-1960*

❏ ——— ❏ ———

Me deprimo cada vez que me miro a un espejo. ¿Cómo me ve Dios?

1. Y Jehová respondió a Samuel: No mires a su parecer, ni a lo grande de su estatura, porque yo lo desecho; porque Jehová no mira lo que mira el

hombre; pues el hombre mira lo que está delante de sus ojos, pero Jehová mira el corazón. *1 Samuel 16:7 RV-1960*

❑ ———— ❑ ————

2. Adorad a Jehová en la hermosura de la santidad. *Salmo 96:9 RV-1960*

❑ ———— ❑ ————

3. Todo lo hizo hermoso en su tiempo. *Eclesiastés 3:11 RV-1960*

❑ ———— ❑ ————

4. Y los salvará en aquel día Jehová su Dios como rebaño de su pueblo; porque como piedras de diadema serán enaltecidos. *Zacarías 9:16-17 RV-1960*

❑ ———— ❑ ————

5. No se preocupen demasiado de la belleza que depende de las joyas, vestidos lujosos y peinados ostentosos. La mejor belleza es la que se lleva dentro; no hay belleza más perdurable ni que agrade más a Dios que la de un espíritu afable y apacible. *1 Pedro 3:3-4 LBAD*

❑ ———— ❑ ————

Cuando pienso en mi futuro me da pánico. ¿Dónde puedo ir a pedir ayuda?

1. Adorad a Jehová en la hermosura de la santidad; temed delante de el, toda la tierra. *Salmo 96:9, LBAD*

❑ ———— ❑ ————

2. Por nada estéis afanosos, sino sean conocidas vuestras peticiones delante de Dios en toda oración y ruego, con acción de gracias. Y la paz de Dios, que sobrepasa todo entendimiento, guardará vuestros corazones y vuestros pensamientos en Cristo Jesús. *Filipenses 4:6-7, RV-1960*

❑ ———— ❑ ————

3. Busqué a Jehová, y el me oyó, y me libró de todos mis temores. *Salmo 34:4, RV-1960*

❑ ———— ❑ ————

4. Jehová es tu guardador; Jehová es tu sombra a tu mano derecha. El sol no te fatigará de día, ni la luna de noche. Jehová te guardará de todo mal; El guardará tu alma. Jehová guardará tu salida y tu entrada desde ahora y para siempre. *Salmo 121:5-8, RV-1960*

❑ ———— ❑ ————

Jehová te pastoreará siempre, y en las sequías saciará tu alma, y dará vigor a tus huesos; y serás como huerto de riego, y como manantial de aguas, cuyas aguas nunca faltan. *Isaías 58:11, RV-1960*

❑ ———— ❑ ————

La vida me aburre. ¿Me motivará y me animará Dios?

1. Regocijaos en el Señor siempre. Otra vez digo: ¡Regocijaos! Vuestra gentileza sea conocida de todos los hombres. El Señor está cerca. *Filipenses 4;4-5, RV-1960*

❏ —————— ❏ ——————

2. Y todo lo que hacéis, sea de palabra o de hecho, hacedlo todo en el nombre del Señor Jesús, dando gracias a Dios Padre por medio de él. *Colosenses 3:17, RV-1960*

❏ —————— ❏ ——————

3. No nos cansemos, pues, de hacer bien; porque a su tiempo segaremos, si no desmayamos. *Gálatas 6:9, RV-1960*

❏ —————— ❏ ——————

La responsabilidad me asusta. ¿Me ayudará Dios a afrontar lo que se espera de mí?

1. Todo lo puedo en Cristo que me fortalece. *Filipenses 4:13, RV-1960*

❏ —————— ❏ ——————

2. No temas porque yo estoy contigo; no desmayes, porque yo soy tu Dios que te esfuerzo; siempre te ayudaré, siempre te sustentaré con la diestra de mi justicia. *Isaías 41:10, RV-1960*

❏ —————— ❏ ——————

3. Fíate de Jehová de todo tu corazón, y no te apoyes en tu propia prudencia. Reconócelo en todos tus caminos, y él enderezará tus veredas. *Proverbios 3:5-6, RV-1960*

❑ ———— ❑ ————

4. Porque todo lo que es nacido de Dios vence al mundo; y esta es la victoria que ha vencido al mundo, nuestra fe. ¿Quién es el que vence al mundo, sino el que cree que Jesús es el Hijo de Dios? *1 Juan 5:4-5, RV-1960*

❑ ———— ❑ ————

Siempre me siento cansado. ¿Me puede dar Dios la energía que necesito?

1. El da esfuerzo al cansado, y multiplica las fuerzas al que no tiene ningunas. *Isaías 40:29, RV-1960*

❑ ———— ❑ ————

2. Pero los que esperan a Jehová tendrán nuevas fuerzas; levantarán alas como las águilas; correrán, y no se cansarán; caminarán, y no se fatigarán. *Isaías 40:31, RV-1960*

❑ ———— ❑ ————

3. Confiad en Jehová perpetuamente, porque en Jehová el Señor está la fortaleza de los siglos. *Isaías 26:4, LBAD*

❑ ———— ❑ ————

4. El amado de Jehová habitará confiado cerca de él; lo cubrirá siempre, y entre sus hombros morará. *Deuteronomio 33:12, RV-1960*

❑ ———— ❑ ————

A veces necesito endrogarme. ¿Puedo depender del Señor en vez de las drogas, para satisfacerme y librarme?

1. Porque el ocuparse de la carne es muerte, pero el ocuparse del Espíritu es vida y paz. *Romanos 8:6, RV-1960*

❑ ———— ❑ ————

2. Porque el Señor es el Espíritu; y donde está el Espíritu del Señor, allí hay libertad. *2 Corintios 3:17, RV-1960*

❑ ———— ❑ ————

3. Así que, si el Hijo os libertare, seréis verdaderamente libres. *Juan 8:36, RV-1960*

❑ ———— ❑ ————

4. Mi Dios, pues, suplirá todo lo que os falta conforme a sus riquezas en gloria en Cristo Jesús. *Filipenses 4:19, RV-1960*

❑ ———— ❑ ————

A veces tomo mucho y fallo en todas las dietas. ¿Cómo puede Dios controlar mi vida en vez de que el alcohol y las drogas me controlen?

1. Pues en cuanto él mismo padeció siendo tentado, es poderoso para socorrer a los que son tentados. *Hebreos 2:18. RV-1960*

❑ ———— ❑ ————

2. Al conocimiento, dominio propio; al dominio, propio, paciencia; a la paciencia, piedad. *2 Pedro 1:6, LBAD*

❑ ———— ❑ ————

3. Sabe el Señor librar de tentación a los piadosos. *2 Pedro 2:9, RV-1960*

❑ ———— ❑ ————

4. Bienaventurado el varón que soporta la tentación; porque cuando haya resistido la prueba, recibirá la corona de vida, que Dios ha prometido a los que le aman. Cuando alguno es tentado, no diga que es tentado de parte de Dios; porque Dios no puede ser tentado por el mal, ni él tienta a nadie. *Santiago 1:12-14, RV-1960*

❑ ———— ❑ ————

5. Por tanto, no seáis insensatos, sino entendidos de cuál sea voluntad del Señor. No os embriaguéis con vino, en lo cual hay disolución; antes bien sed llenos del Espíritu. *Efesios 5:17-18, RV-1960*

❏ ——————— ❏ ———————

Me siento tan culpable por mi problema de la lujuria y la masturbación. ¿Puede Dios ayudarme a vencer estas tentaciones?

1. No os ha sobrevenido ninguna tentación que no sea humana; pero fiel es Dios, que no os dejará ser tentados mas de lo que podéis resistir, sino que dará también juntamente con la tentación la salida, para que podáis soportar. *1 Corintios 10:13, RV-1960*

❏ ——————— ❏ ———————

2. Mas tú, oh hombre de Dios, huye de estas cosas, y sigue la justicia, la piedad, la fe, el amor, la paciencia, la mansedumbre. *1 Timoteo 6:11, LBAD*

❏ ——————— ❏ ———————

3. Pero fiel es el Señor, que os afirmará y guardará del mal. Y tenemos confianza respecto a vosotros en el Señor, en que hacéis y haréis lo que os hemos mandado. *2 Tesalonicenses 3:3, RV-1960*

❏ ——————— ❏ ———————

4. Someteos, pues, a Dios; resistid al diablo, y huirá de vosotros. Acercaos a Dios, y él se acercara a vosotros. Pecadores, limpiad las manos; y vosotros los de doble animo, purificad vuestros corazones. *Santiago 4:7-8, RV-1960*

❏ —————— ❏ ——————

He cometido fornicación y ahora sufro de culpabilidad. ¿Me perdonará Dios y me ayudará a continuar mi vida?

1. Si confesamos nuestros pecados, él es fiel y justo para perdonar nuestros pecados, y limpiarnos de toda maldad. *1 Juan 1:9, RV-1960*

❏ —————— ❏ ——————

2. Y esto erais algunos; mas ya habéis sido lavados, ya habéis sido santificados, ya habéis sido justificados en el nombre del Señor Jesús, y por el Espíritu de nuestro Dios. *1 Corintios 6:11, RV-1960*

❏ —————— ❏ ——————

3. Sabed, pues, esto, varones hermanos: que por medio de él se os anuncia perdón de pecados. Y que de todo aquello de que por la ley de Moisés no pudisteis ser justificados, en él es justificado todo aquel que cree. *Hechos 13:38-39, RV-1960*

❏ —————— ❏ ——————

4. De modo que si alguno está en Cristo, nueva criatura es; las cosas viejas pasaron; he aquí todas son hechas nuevas. *2 Corintios 5:17, RV-1960*

❑ ——— ❑ ———

5. No ha hecho con nosotros conforme a nuestras iniquidades, ni nos ha pagado conforme a nuestros pecados. Cuanto está lejos el oriente del occidente, hizo alejar de nosotros nuestras rebeliones. *Salmo 103:10,12, RV-1960*

❑ ——— ❑ ———

6. La ira de Jehová soportaré porque pequé contra él, hasta que juzgue mi causa y haga mi justicia; él me sacará a luz; veré su justicia. *Miqueas 7:9 RV-1960*

❑ ——— ❑ ———

Muchas veces me siento enfermo. ¿Me ayudará Dios a recuperarme?

1. Mas yo haré venir sanidad para ti, y sanaré tus heridas, dice Jehová; porque desechada te llamaron, diciendo: Esta es Sion, de la que nadie se acuerda. *Jeremías 30:17 RV-1960*

❑ ——— ❑ ———

2. Yo soy Jehová tu sanador. *Exodo 15:26 RV-1960*

❑ ——— ❑ ———

3. Y cuando llegó la noche trajeron a él muchos endemoniados; y con palabra echó fuera a los demonios, y sanó a todos los enfermos. *Mateo 8:16 RV-1960*

❏ ———— ❏ ————

4. Jehová te pastoreará siempre, y en las sequías saciará tu alma, y dará vigor a tus huesos; y serás como huerto de riego, y como manantial de aguas, cuyas aguas nunca faltan. *Isaías 58:11 RV-1960*

❏ ———— ❏ ————

5. Mas a vosotros los que teméis mi nombre, nacerá el Sol de justicia, y en sus alas traerá salvación; y saldréis y saltaréis como becerros de manada. *Malaquías 4:2 RV-1960*

❏ ———— ❏ ————

Lo que está pasando en el mundo me asusta. ¿Cómo puedo saber que Dios todavía está en control?

1. Y juzgará entre las naciones, y reprenderá a muchos pueblos; y volverán sus espadas en rejas de arado, y sus lanzas en hoces; no alzará espada nación contra nación, ni se adiestrarán más para la guerra. *Isaías 2:4 LBAD*

❏ ———— ❏ ————

2. Y sabrá toda esta congregación que Jehová no salva con espada y con lanza; porque de Jehová es la batalla, y él os entregará en nuestras manos. *1 Samuel 17:47, RV-1960*

❏ ——— ❏ ———

3. Los que confían en Jehová son como el monte de Sion, que no se mueve, sino que permanece para siempre. Como Jerusalén tiene montes alrededor de ella, así Jehová está alrededor de su pueblo. *Salmo 125:1-2, RV-1960*

❏ ——— ❏ ———

4. Echando toda vuestra ansiedad sobre él, porque él tiene cuidado de vosotros. *1 Pedro 5:7, RV-1960*

❏ ——— ❏ ———

Tengo miedo de morirme. ¿Dios me cuidará?
1. Destruirá a la muerte para siempre; y enjugará Jehová el Señor toda lágrima de todos los rostros; y quitará la afrenta de su pueblo de toda la tierra; porque Jehová lo ha dicho. *Isaías 25:8, RV-1960*

❏ ——— ❏ ———

2. Y yo les doy vida eterna; y no perecerán jamás, ni nadie las arrebatará de mi mano. *Juan 10:28, RV-1960*

❏ ——— ❏ ———

3. Y el mundo pasa, y sus deseos; pero el que hace la voluntad de Dios permanece para siempre. *1 Juan 2:17, RV-1960*

❑ ——— ❑ ———

4. Aunque ande en valle de sombra de muerte, no temeré mal alguno, porque tú estarás conmigo; tu vara y tu cayado me infundirán aliento. *Salmo 23:4, RV-1960*

❑ ——— ❑ ———

5. Y si el Espíritu de aquel que levantó de los muertos a Jesús mora en vosotros, el que levantó de los muertos a Cristo Jesús vivificará también vuestros cuerpos mortales por su Espíritu que mora en vosotros. *Romanos 8:11, RV-1960*

❑ ——— ❑ ———

6. Por tanto, teniendo un gran sumo sacerdote que traspasó los cielos, Jesús el Hijo de Dios, retengamos nuestra profesión. Porque no tenemos un sumo sacerdote que no pueda compadecerse de nuestras debilidades, sino uno que fue tentado en todo según nuestra semejanza, pero sin pecado. *Hebreos 2:14-15, RV-1960*

❑ ——— ❑ ———

Cuando duermo tengo muchas pesadillas. ¿Dios puede convertir mis pesadillas en noches tranquilas?

1. Cuando te acuestes, no tendrás temor, sino que te acostarás, y tu sueño será grato. *Proverbios 3:24, RV-1960*

☐ ——— ☐ ———

2. Con sus plumas te cubrirá, y debajo de sus alas estarás seguro; escudo y adarga es su verdad. No temerás el terror nocturno, ni saeta que vuele de día. *Salmo 91:4-5, RV-1960*

☐ ——— ☐ ———

3. En paz me acostaré, y asimismo dormiré; porque solo tú, Jehová, me haces vivir confiado. *Salmo 4:8, RV-1960*

☐ ——— ☐ ———

4. Y Jehová les dio reposo alrededor, conforme a todo lo que había jurado a sus padres; y ninguno de todos sus enemigos pudo hacerles frente, porque Jehová entregó en sus manos a todos sus enemigos. *Josué 21:44, RV-1960*

☐ ——— ☐ ———

Las preocupaciones me mantienen despierto la noche entera. ¿Tiene Dios algo que ofrecerle a un persona que padece de insomnio como yo?

1. La paz os dejo, mi paz os doy; yo no os la doy como el mundo la da. No se turbe vuestro corazón, ni tenga miedo. *Juan 14:27, RV-1960*

❏ ——— ❏ ———

2. Por tanto, queda un reposo para el pueblo de Dios. *Hebreos 4:9, RV-1960*

❏ ——— ❏ ———

3. Yo me acosté y dormí, y desperté, porque Jehová me sustentaba. *Salmo 3:5, RV-1960*

❏ ——— ❏ ———

4. Por demás es que os levantéis de madrugada, y vayáis tarde a reposar, y que comáis pan de dolores; pues que a su amado dará Dios el sueño. *Salmo 127:2, RV-1960*

❏ ——— ❏ ———

Tengo una lengua muy larga. ¿Cómo puedo ser diplomático en lo que digo?

1. Pon guarda a mi boca, oh Jehová; guarda la puerta de mis labios. *Salmo 141:3, RV-1960*

❏ ——— ❏ ———

71

2. El que guarda su boca y su lengua, su alma guarda de angustias. *Proverbios 21:23, RV-1960*

❏ ——— ❏ ———

3. En las muchas palabras no falta pecado; mas el que refrena sus labios es prudente. *Proverbios 10:19, RV-1960*

❏ ——— ❏ ———

4. Hay hombres cuyas palabras son como golpes de espada; mas la lengua de los sabios es medicina. *Proverbios 12:18, RV-1960*

❏ ——— ❏ ———

5. Si alguno se cree religioso entre vosotros, y no refrena su lengua, sino que engaña su corazón, la religión del tal es vana. *Santiago 1:26, RV-1960*

❏ ——— ❏ ———

Los trabajos son difíciles de encontrar y no hay suficiente dinero para hacer los pagos. ¿Dios me cuidará?

1. Mi Dios, pues, suplirá todo lo que os falta conforme a sus riquezas en gloria en Cristo Jesús. *Filipenses 4:19, RV-1960*

❏ ——— ❏ ———

2. Y poderoso es Dios para hacer que abunde en vosotros toda gracia, a fin de que, teniendo siempre en todas las cosas todo lo suficiente, abundéis para toda buena obra. *2 Corintios 9:8, RV-1960*

❏ ———— ❏ ————

3. Los leoncillos necesitan, y tienen hambre; pero los que buscan a Jehová no tendrán falta de ningún bien. *Salmo 34:10, RV-1960*

❏ ———— ❏ ————

4. Joven fui, y he envejecido, y no he visto justo desamparado, ni su descendencia que mendigue pan. *Salmo 37:25, RV-1960*

❏ ———— ❏ ————

5. El que no escatimó ni a su propio Hijo, sino que lo entregó por todos nosotros, ¿cómo no nos dará también con él todas las cosas? *Romanos 8:32, RV-1960*

❏ ———— ❏ ————

6. Jehová es mi pastor, nada me faltará. *Salmo 23:1, RV-1960*

❏ ———— ❏ ————

10. Venid a mí, todos los que estáis trabajados y cargados, y yo os haré descansar. Llevad mi yugo sobre vosotros, y aprended de mí, que soy manso y humilde de corazón; y hallaréis descanso para vuestras almas. Porque mi yugo es facil, y ligera mi carga. *Mateo 11:28-30, RV-1960*

❏ ——— ❏ ———

11. Ahora Jehová mi Dios me ha dado paz por todas partes; pues ni hay adversarios, ni mal que temer. *1 Reyes 5:4, RV-1960*

❏ ——— ❏ ———

12. Por tanto, queda un reposo para el pueblo de Dios. *Hebreos 4;9, RV-1960*

❏ ——— ❏ ———

13. Yo apacentaré mis ovejas, y yo les daré aprisco, dice Jehová el Señor. *Ezequiel 34:15, RV-1960*

❏ ——— ❏ ———

14. Por nada estéis afanosos, sino sean conocidas vuestras peticiones delante de Dios en toda oración y ruego, con acción de gracias. Y la paz de Dios, que sobrepasa todo entendimiento, guardará vuestros corazones y vuestros pensamientos en Cristo Jesús. *Filipenses 4:6-7, RV-1960*

❑ ——— ❑ ———

15. Y el mismo Señor de paz os dé siempre paz en toda manera. El Señor sea con todos vosotros. *2 Tesalonicenses 3:16, RV-1960*

❑ ——— ❑ ———

Dios nos ayuda a vencer la tentación

Toma nuestros corazones, llénalos de tu verdad; de tu Espíritu los dones, y de toda santidad. Guíanos en obediencia, humildad, amor y fe; nos ampare tu clemencia; Salvador, propicio sé.

ROBERT ROBINSON
Fuente de la vida eterna.

1. Pues en cuanto él mismo padeció siendo tentado, es poderoso para socorrer a los que son tentados. *Hebreos 2:18, RV-1960*

❑ ——— ❑ ———

2. No os ha sobrevenido ninguna tentación que no sea humana; pero fiel es Dios, que no os dejará ser tentados más de lo que podéis resistir, sino que dará también juntamente la salida, para que podáis soportar. *1 Corintios 10:13, RV-1960*

❑ ——— ❑ ———

3. Porque no tenemos un sumo sarcedote que no pueda compadecerse de nuestras debilidades, sino uno que fue tentado en todo segun nuestra semejanza, pero sin pecado. Acerquémonos, pues, con-

fiadamente al trono de la gracia, para alcanzar misericordia y hallar gracia para el oportuno socorro. *Hebreos 4:15-16, RV-1960*

❑ ——— ❑ ———

4. Y a aquel que es poderoso para guardaros sin caída, y presentaros sin mancha delante de su gloria con gran alegría. *Judas 1:24, RV-1960*

❑ ——— ❑ ———

5. Y no nos metas en tentación, mas líbranos del mal. *Mateo 6:13a, RV-1960*

❑ ——— ❑ ———

6. Velad y orad, para que no entréis en tentación; el espíritu a la verdad está dispuesto, pero la carne es débil. *Marcos 14:38, RV-1960*

❑ ——— ❑ ———

7. Pero yo he rogado por ti, que tu fe no falte; y tú, una vez vuelto, confirma a tus hermanos. *Lucas 22:32, RV-1960*

❑ ——— ❑ ———

8. No ruego que los quites del mundo, sino que los guardes del mal. *Juan 17:15, RV-1960*

❑ ——— ❑ ———

9. Mas el fin de todas las cosas se acerca; sed, pues, sobrios, y velad en oración. *1 Pedro 4:7, RV-1960*

❑ ——— ❑ ———

Dios está con nosotros

"Tan seguro como que Dios que pone a sus hijos en el horno de aflicción, así El estará dentro con ellos".

CHARLES HADDON SPURGEON

1. Jehová te pastoreará siempre, y en las sequías saciará tu alma, y dará vigor a tus huesos; y serás como huerto de riego, y como manantial de aguas, cuyas aguas nunca faltan. *Isaías 58:11, RV-1960*

❏ ————— ❏ —————

2. De una cosa podrán estar seguros: Estaré con ustedes siempre, hasta el fin del mundo. *Mateo 28:20b, LBAD*

❏ ————— ❏ —————

3. Condujiste en tu misericordia a este pueblo que redimiste; lo llevaste con tu poder a tu santa morada. *Exodo 15:13, RV-1960*

❏ ————— ❏ —————

4. Aunque ande en valle de sombra de muerte, no temeré mal alguno, porque tú estarás conmigo; tu vara y tu cayado me infundirán aliento. *Salmo 23:4, RV-1960*

❏ ————— ❏ —————

5. Y yo rogaré al Padre y os dará otro Consolador, para que esté con vosotros para siempre: el Espíritu de verdad, al cual el mundo no puede recibir, porque no le ve ni le conoce; pero vosotros le conocéis, porque mora con vosotros, y estará en vosotros. *Juan 14:16-17, RV-1960*

❑ ────── ❑ ──────

6. ¿A dónde me iré de tu Espíritu? ¿Y a dónde huiré de tu presencia? Si subiere a los cielos, allí estas tú; y si en el Seol hiciere mi estrado, he aquí, allí tu estás. Si tomare las alas del alba y habitare en el extremo del mar, aun allí me guiará tu mano, y me asirá tu diestra. *Salmo 139:7-10, RV-1960*

❑ ────── ❑ ──────

7. Aunque les dé pan de adversidad y agua de aflicción, estará con ustedes para enseñarles; con sus propios ojos veran a su Maestro. *Isaías 30:20, LBAD*

❑ ────── ❑ ──────

8. Y guiaré a los ciegos por caminos que no sabían, les haré andar por sendas que no habían conocido; delante de ellos cambiaré las tinieblas en luz, y lo escabroso en llanura. Estas cosas les haré, y no los desampararé. *Isaías 42:16, RV-1960*

❑ ────── ❑ ──────

9. Cuando pases por las aguas, yo estaré contigo; y si por los ríos, no te anegarán. Cuando pases por el fuego, no te quemarás, ni la llama arderá en ti. *Isaías 43:2, RV-1960*

❑ ——————   ❑ ——————

10. Jehová de los ejércitos está con nosotros; Nuestro refugio es el Dios de Jacob. *Salmo 46:7, RV-1960*

❑ ——————   ❑ ——————

11. En toda angustia de ellos él fue angustiado, y el ángel de su faz los salvó; en su amor y en su clemencia los redimió, y los trajo, y los levantó todos los días de la antigüedad. *Isaías 63:9, RV-1960*

❑ ——————   ❑ ——————

12. Jehová está en medio de ti, poderoso, él salvará; se gozará sobre ti con alegría, callará de amor, se regocijará sobre ti con cánticos. *Sofonías 3:17, RV-1960*

❑ ——————   ❑ ——————

13. No os dejaré huérfanos; vendré a vosotros. *Juan 14:18, RV-1960*

❑ ——————   ❑ ——————

Oraciones de aliento

"Las oraciones coronan a Dios con el honor y gloria debido a Su nombre, y Dios corona las oraciones con seguridad y consuelo. Las almas que oran son los almas más seguras".

THOMAS BENTON BROOKS

En tribulaciones
Misericordioso Padre, tú has dicho en tu Palabra que no nos afligirás, causarás dolor voluntariamente. Por favor, acuérdate de mí en mi aflicción. Ayúdame a soportar el dolor con paciencia. Consuélame con el sentir de tu bondad, y dame paz.

En necesidad de guía
Oh Dios, tí guías a los que en ti confían. Dame, en medio de la dudas y la incertidumbre, la gracia para buscar tu voluntad. Sálvame de tomar decisiones equivocadas. Ayúdame a caminar en tu luz y no tropezar.

En tiempos de conflicto
Oh Dios, tú nos has unido en Cristo. Ayúdanos en nuestra lucha por encontrar justicia y verdad para enfrentarnos uno al otro sin odio ni amargura, y a mantenernos unidos. Danos el poder espiritual para tratarnos uno al otro con respeto y perdón. Por favor, sana las heridas y rompe las barreras que no permiten que seamos uno en Cristo.

En necesidad de paz
Querido Dios de paz, tú has dicho que nuestra fortaleza viene de la quietud de nuestro espíritu y la confianza en tu poder. Tenme en tu presencia por tu Espíritu, y ayúdame a estar quieto y conocer que tú eres Dios.

Para los oprimidos
Padre celestial, parece que no tuviera voz ni voto en este mundo y me siento como una víctima más. He sido herido, abusado, y engañado. Que tu Espíritu me dé la fortaleza y el poder para perdonar. Pon en mí un sentido de valor, y dame la sabiduría para hablar con los que me oprimen.

En el dolor
Señor Jesús, tu paciente sufrir dio dignidad al dolor terrenal, y nos diste el ejemplo de obediencia a la voluntad de tu Padre. Sosténme por tu gracia en mi tiempo de debilidad y dolor; que mi valor no falle. Sáname según tu voluntad, y ayúdame a recordar que esta prueba es pequeña con la vida y gloria eternas que hay en ti.

En la pobreza
Señor Jesús, tú conociste la pobreza y te compadeces de los pobres. Sosténme en mi tiempo de necesidad. Enséñame a ser agradecido en medio de la escasez, y que yo aprenda por mi propia dificultad, a ser un defensor del pobre y el menesteroso.

En la recuperación de la enfermedad
Señor, tú eres el gran Sanador. Por favor, dame ese poder que vuelve la enfermedad en salud y la debilidad en fortaleza. Dame una recuperación segura, y ayúdame a glorificarte a ti durante el proceso.

En el temor de la muerte
Dios de los vivos, recuérdame que esta vida terrenal es corta e incierta. Dame la fe para ver en la muerte el umbral de la vida eterna, para que con tu paz pueda continuar mi jornada aquí. Señor Jesús, tú quitaste el aguijón de la muerte al morir y levantarte de la tumba, victorioso sobre toda oscuridad y maldad. Ayúdame a seguirte en fe, para enfrentarme sin temor a la muerte y despertar en tu semejanza.

En el dolor
Danos valor Señor, en la muerte de éste a quien amamos, para enfrentar cada día con una fe cierta en tu bondad. Ayúdanos a no llorar sin esperanza, sino en agradecida memoria de una vida que tocó la nuestra, y en la esperanza de una hermosa reunión cuando todos los muertos resuciten y todos vivamos para siempre en tu reino.

Respuesta a las promesas
_____
_____
_____
_____

Respuesta a las promesas
_____
_____
_____
_____

Respuesta a las promesas
_____
_____
_____
_____

Respuesta a las promesas

_____

_____

_____

_____

Respuesta a las promesas

_____

_____

_____

_____

Respuesta a las promesas

_____

_____

_____

_____

Respuesta a las promesas

_____

_____

_____

_____

Respuesta a las promesas

_____

_____

_____

_____

Respuesta a las promesas

_____

_____

_____

_____

Respuesta a las promesas

_____

_____

_____

Respuesta a las promesas

_____

_____

_____

Respuesta a las promesas

_____

_____

_____

_____

Respuesta a las promesas

_____

_____

_____

_____

Respuesta a las promesas

_____

_____

_____

_____

Respuesta a las promesas

_____

_____

_____

_____

Respuesta a las promesas

_____
_____
_____
_____

Respuesta a las promesas

_____
_____
_____
_____

Respuesta a las promesas

_____
_____
_____
_____